RÉFUTATION

DES PRÉTENDUES FAUTES

DES BOURBONS.

RÉFUTATION

DES PRÉTENDUES FAUTES

DES BOURBONS,

ADRESSÉE AUX SEULS GENS DE BIEN,

AUX CITOYENS HONNÊTES DES VILLES

ET DES CAMPAGNES,

LE 26 MAI 1815;

PAR (anagramme) C. M. LEMYRE DE SASIE.

À la police du Corse
> Un coupable aisément esquive la police,
> Quand dans tout honnête homme il se compte
> un complice.

A PARIS,

Chez POULET, Imprimeur-Libraire, quai des Augustins, nº. 9,
et chez les marchands de nouveautés.

1815.

RÉFUTATION

DES PRÉTENDUES FAUTES

DES BOURBONS.

S'il est du double caractère de la perversité de culpabiliser la vertu pour canoniser le crime, il n'est pas moins du double devoir de l'homme de bien de démasquer la perfidie pour en neutraliser les poisons.

Sᴇʀᴀ-ᴛ-ɪʟ dit que dans un pays aussi policé que notre belle France, chez une nation aussi éclairée, parmi tout un peuple aussi essentiellement bon, où pourtant il s'est trouvé des êtres assez audacieusement scélérats pour assassiner les meilleurs des Rois, il n'y ait aujourd'hui personne assez franc, assez généreux, ou mieux assez valeureusement équitable pour oser publiquement défendre, de la simple énergie de sa plume, du seul cri de la vérité, un prince moins le monarque et le chef, que le père et l'ami de ses sujets, un patriarche-roi que l'Europe entière admire autant qu'elle le plaint, un prince que toutes nos consciences proclament adorable, auquel celles même de ses perfides détracteurs sont forcées d'avouer toutes les qualités de l'esprit, de l'âme et du cœur; un prince à qui l'éminence du savoir, la plus saine philosophie, et la transcendance de ses vertus n'assurent pas moins à jamais la profonde estime des souverains et des peuples, que les ineffables bienfaits dont il nous fut à-la-fois l'occasion, la source et le gage, lui doivent garantir éternellement nos filiales bénédictions? Pénétré d'horreur pour ces écrivains qui, sacrifiant à la peur, et immolant le sentiment de leur conscience à la crainte d'incommodités passagères, désertent lâchement la cause de l'illustre infortune pour s'élancer aux premiers rangs sous les sanglantes bannières de la scélératesse triomphante, ou plein de dédain pour quelques autres qui, vils caméléons, par un odieux manége qui n'appartient qu'à la bassesse, présentent d'une main à nos augustes Bourbons l'hypocrite consolation de la vertu malheureuse, en même temps que de l'autre ils offrent à genoux, au monstre usurpateur de leur trône, l'encens réservé, disent-ils, au demi-dieu seul fait pour régner sur la France, demeurerons-nous asphixiés de notre indignation pour les uns, ou dans l'absorption de notre mépris pour les autres? Laisserons-nous, par la plus lâche des lâchetés, se ruer, s'agiter, triompher dans l'arène politique les jongleurs de l'infamie, les colporteurs de la diffamation, les sbires de la terreur, les satrapes du crime? Immobiles de la paralysie de la vilité, anéantis de la léthargie de l'ingratitude, nous constituerons-nous, par un morne silence, les complices de tant de forfaitures, ou, dans l'ignominieuse froideur d'une indifférence qui nous serait, à juste titre, une terrible accusation au tribunal du monde et de la postérité, nous bornerons-nous, en soupirant nos stériles douleurs, à nous balbutier secrètement à nous-mêmes, ou à nous répéter à demi-voix, dans de langoureuses coteries : *O tempora ! ô mores !* Non, non.

Pour ce qui est de nous personnellement, nous ne serons pas à ce point rebelle à notre conscience, parjure à l'honneur, infidèle à notre dignité de Français, d'hériter de lier le fer avec la calomnie, et de la combattre à outrance, non dans l'espoir d'en convertir l'incorrigible perversité, mais pour en émousser les poignards; non pour en étouffer l'inextinguible méchanceté, mais pour en neutraliser

les poisons; non pour en suspendre les débor-
demens, mais pour en arrêter les ravages.

Qu'on ne cherche donc pas, par une tactique usée et trop mal retrempée pour atteindre
jusqu'à notre cœur, à nous effrayer des arrêts
de l'ostracisme, des cachots de la persécution,
des échafauds du despotisme et des couteaux
de la tyrannie : nous avons mesuré les dangers,
mais aussi la gloire de l'entreprise, les diffi-
cultés du succès, mais aussi les avantages de
la victoire, et jusqu'au triomphe même d'une
défaite.

Pour ce qui est de notre bonne France, loin
de nous de lui faire la sanglante injure, l'injustice atroce de la soupçonner aujourd'hui,
par la plus funeste dénaturalisation, dépouillée
de ces beaux sentimens caractéristiques qui
n'ont cessé de l'honorer chez les nations, de
l'ennoblir à ses propres yeux, et d'en faire à-
la-fois le plus beau modèle, le plus pompeux
ornement et le plus légitime orgueil de la civilisation; proclamons cette consolante vérité,
disons plutôt, qu'ainsi que les grands crimes
qui ont pu parfois souiller quelques lignes de
notre belle histoire, n'ont été que ceux de
quelques forcenés dont la hache des lois, ou,
à son défaut, l'opprobre a fait et fait encore

justice, de même aujourd'hui les forfaits sur lesquels nous avons, pour quelques jours encore, à sangloter, n'appartiennent qu'à une misérable poignée de vils énergumènes que la nation réprouve, que l'horreur repousse, que méprise souverainement même le brigand qui soudoie leur turpitude, que signale dès-longtemps la flétrissure, et que déjà réclame à grands cris le supplice.

Mais bien que nos voisins, dont notre amour-propre, non moins que notre intérêt bien entendu, doit nous faire ambitionner la continuation de l'estime, soient éloignés de nous regarder tous comme coupables du double attentat qui fait aujourd'hui le plus raisonnable sujet de nos regrets et de nos anxiétés, bien même que notre bon Louis XVIII ait, pour adoucissement à l'amertume de ses malheurs, la consolante conviction que la masse des Français en est innocente, abhorre et s'apprête à en punir les auteurs, pouvons-nous, dans l'attente contemplative de cette infaillible, mais toujours trop tardive justice, pouvons-nous, sinon par devoir, reconnaissance et le sentiment si justifié d'une profonde vénération, tout au moins par équité, par pitié même, pour notre propre orgueil, et par un trop légitime tribut à notre dignité nationale, laisser couvrir ainsi de la boue puante de la plus atroce calomnie, des crachats empoisonnés de la détraction folliculaire, la pourpre auguste d'un prince qui déjà l'eût sanctifiée de ses seules vertus, quand elle ne le serait pas depuis long-temps de celles d'illustres ancêtres qu'accompagnèrent à jamais dans le ciel notre amour et notre admiration lorsqu'ils y furent rappelés à l'Eternel, dont ils n'étaient qu'une émanation sur la terre ?

Puisqu'il n'est pas de nous de provoquer ni de hâter la justice du dieu vengeur et rénumérateur, et moins encore d'éclairer sa sagesse qui dispose des évènemens et en précise la maturité, du moins réfutons, pour notre honneur et le soulagement de notre cœur trop contracté, les imputations aussi virulentes qu'absurdes, les accusations aussi perfidement atroces que sottement ridicules, vomies continuellement par la monstrueuse impudence contre notre vertueux et infortuné monarque.

Regretterons-nous de manquer d'assez de talens pour une aussi belle cause ? Eh ! la vérité, assez puissante de sa noble simplicité, n'est-elle pas un victorieux supplément aux prestiges de l'éloquence ? Pénétré de cette infaillible efficacité, de sa simplicité sur les âmes honnêtes,

efforçons-nous, pour en respecter plus religieusement encore la pureté virginale, de comprimer même pour quelques instans l'élan d'af-
fections trop vives, trop sincères en notre âme,
pour en abdiquer toute la possession à l'indifférence ; refoulons un moment en nous-mêmes
des sentimens d'amour et de douleur, d'ado-
ration et de regrets, trop vrais, trop forts,
trop légitimes, comme trop rivés à notre cœur
pour les dépouiller entièrement, et n'appor-
tons, autant qu'il est en notre humaine puissance, dans cet examen des griefs et leur réfutation, que la scrupuleuse exactitude des
faits, que le sang-froid de l'impartialité, que
l'impassibilité de l'histoire.

Pour opérer avec plus de méthode, suivons
cette accusation dans l'ordre chronologique
des faits, et passons à leur discussion, en nous
abstenant même généreusement d'observations
préliminaires, judicieuses, formidables, res-
sortantes de la nature des choses, en faisant remise aux détracteurs de mille considérations
préalables, puisées des circonstances, les-
quelles seules, en foudroyant par avance leurs
diffamations, n'en prouveraient que plus vic-
torieusement encore et leur noirceur et leur
perfidie.

On accuse le Roi et sa famille d'avoir fait, singulièrement dans les premiers temps de leur émigration, les plus grands efforts pour rentrer en France, et s'y réintégrer au trône devenu vacant par la mort (une indiscrète vérité allait nous faire dire par l'assassinat solennel de Louis XVI, et l'empoisonnement plus caché, mais non moins certain, du dauphin.)

Est-ce bien sérieusement qu'on peut balbutier encore aujourd'hui une semblable accusation, et surtout qu'on ose l'articuler au tribunal d'une nation où l'indifférence pour la patrie, dont d'ailleurs on n'a jamais jusqu'ici rencontré de véritables exemples, a toujours été réputée, à juste titre, un des plus grands crimes? Or donc, à l'autorité de ce premier axiôme de la jurisprudence générale des peuples, à ce dogme sacré de la morale et de l'honneur, à la force irrésistible de ce sentiment inaltérable de l'amour de la patrie, si naturel aux moindres peuplades, si profondément encloué à tous les cœurs véritablement français, combien d'autres sentimens non moins puissans, combien d'autres motifs non moins despotiques d'intérêt public ne devaient pas déterminer, commander ces efforts dans d'il-

lustres proscrits, dans des princes bien malheureux déjà de leur éloignement de la patrie, et
plus malheureux encore de la crainte trop amplement justifiée des déchiremens affreux auxquels l'exposait inévitablement la prolongation
de leur absence?

Eh! plût au ciel que leurs désirs, bien en
harmonie en cela avec ceux de la portion la
mieux pensante et la plus clairvoyante des
Français, se fussent alors réalisés! nous n'aurions pas à pleurer, entre autres fatalités, plus
de huit millions de braves inutilement sacrifiés
à la vanité d'une fausse gloire, et la désolation
d'autant, peut-être, de bons citoyens morts de
misère, ou immolés à l'ambition des factions
de toutes les couleurs qui s'entr'arrachèrent
successivement le barbare honneur de nous
tyranniser, comme encore aujourd'hui au nom
de la liberté. Nous ne nous serions pas fait, il
est vrai de le dire, une réputation militaire
aussi gigantesque; mais, il n'est pas moins vrai
de le confesser, nous n'aurions pas à déplorer
d'irréparables égaremens, à rougir de l'abus
de notre courage; nous n'aurions pas à regretter aussi amèrement de n'avoir retiré de nos
funestes exploits que l'épuisement stérile de
notre sang, de nos trésors, et de n'avoir rap-

porté de nos conquêtes que la haine de nos voisins, et notre propre horreur de nous-mêmes.

On leur impute d'avoir élaboré l'alliance des puissances étrangères, soulevé et rué contre nous leurs innombrables légions.

Certes, nous passerons hautement ici, pour nos Bourbons, condamnation sur ce chef, toutefois avec réserve de discuter la question intentionnelle dont, en cela comme en tout, résultera toujours amplement leur disculpation ; oui, nous passerons ici, pour eux, pleine condamnation sur ce chef, s'il nous est préalablement démontré que ce sont eux qui nous ont fait aller successivement attaquer, sans même recourir à l'astuce des prétextes, presque tous les peuples de l'Europe ; s'il nous devient prouvé que ce sont les Bourbons qui nous ont fait porter chez tous nos voisins le pillage, l'incendie, la désolation et la mort, tenter d'en culbuter tous les souverains, pour former de leurs trônes des donations à une boueuse famille de sycophantes, en créer autant de succursales du grand Empire français, et faire par suite, du monde entier, une seule monarchie, avec le regret peut-être de voir la gloire d'un misérable Corse devenue la pagode de notre idolâtrie, trop à l'étroit encore dans la souveraineté de toute la terre.

En effet, s'il y a quelque chose d'étonnant dans ce soulèvement, dans cet armement des souverains et des peuples contre nous, c'est moins sa généralité que sa tardiveté; oui, s'il y a quelque chose qui ait dû nous surprendre, c'est qu'ils aient tant différé de prendre assez conseil de leurs intérêts les plus chers, pour se pénétrer de cette conviction qu'ils ne pouvaient obtenir que de la force de leur union intime, de l'harmonie de leurs baïonnettes, le repos, la sécurité qu'ils ne devaient jamais, non, jamais espérer de l'insatiable ambition de l'homme qui dirigeait au gré de ses passions notre trop valeureux aveuglement. Telles sont les seules et véritables, comme les trop raisonnables et trop despotiques causes du soulèvement de l'Europe contre nous. Eh! aurait-il pu être fomenté, moyenné, opéré par les Bourbons, que cinq lustres de malheurs et de misère avaient dès long-temps constitués, sinon sans considération personnelle, du moins sans crédit politique?

De n'être rentrés en France et n'avoir été réintégrés au trône qu'au moyen de l'envahissement de la patrie par les armes des puissances alliées.

Ce fut, nous n'en disconviendrons pas, par des circonstances vraiment douloureuses et pour eux et pour nous, par des évènemens bien désastreux à l'Etat et bien poignans à notre orgueil militaire, que les Bourbons ont pu, pour la première fois depuis vingt-cinq années, pleurer enfin sur le sol chéri de la patrie, et revoir avec un attendrissement mélangé de regrets et de joie, ces palais antiques, demeures silencieusement éloquentes de leur illustre famille; mais ces circonstances, qui les avait amenées? Ces évènemens bien déplorables, si déplorés d'abord, et dont bientôt nous eûmes à bénir les heureux et miraculeux résultats, qui les avait provoqués? Ils l'avaient été uniquement, on ne saurait trop le répéter, par le monstre que le ciel, justement irrité, peut paraître avoir emprunté de l'enfer pour punir les crimes de la terre; ils l'avaient été exclusivement par un affreux brigand éminemment doué du double privilége d'égarer les esprits et d'égorger les hommes.

Pourquoi ont - ils figuré dans les armées alliées, et aux côtés des souverains, principaux directeurs de cette croisade européenne?

Pourquoi? Quand notre bon Louis, quand ce Roi martyr et miséricordieux ne nous l'au-

rait pas appris et mille fois réitéré dans l'effu-
sion de son cœur, exempt de dissimulation
comme incapable de haine, n'en aurions-nous
pas une interprétation aussi honorable pour
lui que délicieuse pour nous, dans l'héroïsme
de sa tendresse ? Est-il personne qui, aujour-
d'hui surtout, puisse douter que ce bon, et
mille fois bon monarque, ait été une seule
minute dans son éloignement sans être rap-
proché de nous par le sentiment de son affection paternelle ? Lors donc d'un soulèvement aussi unanime, aussi formidable de l'Europe contre nous ; lors d'une exaspération si
générale et si légitime des souverains et des
peuples, pouvait - elle, cette vive affection,
n'être pas tenaillée d'alarmes et d'angoisses
sur le sort futur de la patrie ? Puisqu'il n'était
pas en son pouvoir de suspendre les coups di-
rigés sur notre France, il devait travailler de
toute son âme et de toutes ses facultés à en
dériver et restreindre l'application, surtout
en convainquant la conscience pieuse des souverains que les motifs de leur armement pro-
venant du seul homme qui ayant, avec non
moins d'indiscrétion que de barbarie, abusé
de notre aveuglement, ne nous avait jamais
que lancés au crime par la fausse route de

2

l'honneur, il était de la justice et de leur dignité d'en distinguer, dans le châtiment, la nation, déjà première victime de son infernal génie, comme elle en avait été le terrible instrument. Dans des conjectures aussi perplexes, ne devait-il pas, ce bon roi inséparable de sa tendresse, et les dignes princes de son illustre sang ne devaient-ils pas, au lieu de demeurer à Hartwel dans une froide indifférence pour notre position plus que critique, avocats naturels de notre coupable mais excusable égarement, plaider et faire plaider sans cesse auprès de la magnanimité des puissances, notre pardon de torts, de crimes qui n'étaient pas proprement les nôtres ? Hé bien! n'est-ce pas ce qu'ils ont fait avec une sainte infatigabilité ? N'est-ce pas le devoir sacré que leur céleste bonté leur a fait si religieusement s'imposer, si complètement remplir ? N'est-ce pas là enfin la plus juste explication de la circonstance plus particulière de leur attache aux souverains alliés, et les résultats n'achèvent-ils pas de le démontrer avec la plus lumineuse évidence? Car à quoi, en effet, si ce n'est aux prières de nos princes, à l'instance de leurs larmes, à leur considération personnelle, à la pitié de l'Europe pour leur trop célèbre infortune , à sa profonde estime pour chacun d'eux , comme à une vénération uni‑ verselle pour notre bon Louis XVIII , pour‑ rions‑nous rapporter la clémence , la généro‑ sité surnaturelles des alliés , de qui un senti‑ ment trop justifié de réciprocité devait nous faire redouter les plus rigoureux traitemens ‚ et même le sort affreux que depuis long‑tems nous travaillions, avec acharnement et avec trop de succès , à leur imposer? Mais c'est assez d'indiquer nos torts et les crimes de celui dont la sanguinaire frénésie se joua si constamment de notre servile cécité , sans avoir besoin d'en dérouler l'horrible cadastre, et mesurer la profondeur , pour faire d'autant ressortir la magnanimité des puissances alliées, et l'héroïsme miraculeux de cette indulgence que nous savons ne pouvoir jamais être trop admirée par la terre et bénie par le ciel.

Reste toujours contre les Bourbons , per‑ sistent à dire leurs perfides détracteurs , de n'avoir reçu la couronne que des mains des souverains alliés , et de n'avoir été reportés au trône que sur les baïonnettes étrangères.

En eût‑il été ainsi, leur devrions‑nous , à nos bons princes , moins d'amour et de re‑ connaissance d'avoir accepté des puissances , maîtresses alors de notre belle France, en vertu du droit de conquête, si hautement consacré depuis long-temps par notre jurisprudence belliqueuse, une couronne que, sans leur heureuse intervention, se seraient infailliblement disputée, arrachée, partagée les conquérans ? une couronne à laquelle, il est vrai, nos malheureux princes, comme hommes, pouvaient déjà trouver naturellement l'attrait d'une propriété sur-légitimée par plusieurs siècles de la plus honorable possession, et une couronne surtout dont la réassiète sur la tête sacrée de leur dynastie, opérait le miracle de notre réconciliation avec le ciel et la terre, nous procurait l'inappréciable bonheur d'échapper à la dénationalisation, nous assurait paix au-dehors, tranquillité au-dedans, et enfin une félicité parfaite, et d'autant plus délicieuse, que nous avions dû raisonnablement en désespérer pour jamais.

Mais, dans les vues trop évidentes de la détraction, n'est-ce pas le comble ensemble de la monstrueuse perfidie et de l'attroce impudence, d'oser articuler que ce sont les étrangers qui, suivant l'expression des jongleurs, nous ont imposé Louis XVIII pour Roi ? Nul doute, et payons en passant ce faible tribut

de notre gratitude et de notre admiration,
nul doute que les augustes souverains alliés,
une fois amenés par leur conscience éclairée
aux sentimens héroïques, surnaturels, d'une
indulgence toute céleste, le rétablissement
des Bourbons sur le trône des Bourbons ne
dût être et ne fût dans leurs plus ardens désirs,
comme dans l'intérét de la paix européenne,
qu'ils marchaient à reconquérir, puisqu'en
même temps qu'il étouffait ou semblait devoir
étouffer à jamais chez nous tout germe de discussion de la couronne et de dissentions, il of-
frait aux puissances, pour leur propre tranquillité du côté de la France, une garantie que
ne pouvait leur présenter le gouvernement de
tous autres, quels qu'ils fussent; mais n'est-il
pas mille fois constant à nos yeux, à nos
oreilles, à nos consciences, que les puissances
alliées, par une délicatesse peut-être outrée,
et qui n'en appartient que plus à leur magnanimité, nous ont laissés nous-mêmes, sans di-
riger nos sentimens ni influencer nos délibé-
rations, appeler au trône la dynastie que nous
en jugions la plus digne par elle, et la plus
convenable pour nous? Ah! s'il pouvait exis-
ter en France un seul être assez opiniâtrement
rebelle à l'évidence, pour douter encore vé-

ritablement que le bon Louis XVIII eût été le Roi de notre choix, le monarque de notre préférence, le tendre père vers lequel se sont librement élancés tous nos vœux et notre prédilection, qu'il nous laisse le reporter avec orgueil à ce jour où, après vingt-cinq années de deuil, de convulsions, de tourmentes et de guerre, et réduits à n'avoir plus même la consolation de l'espérance, nous nous vîmes, par un ineffable miracle, au nom seul de ce prince adorable, transportés tout à coup de la plus affreuse misère au plus haut degré de la félicité nationale, où, de l'anéantissement, de la désolation, nous renaquîmes à la vie du bonheur; qu'il se rappelle ce jour à jamais fortuné où nous vîmes apparaître parmi nous ce libérateur de son peuple, ce sauveur de ses enfans, ce jour d'ivresse où nous pûmes enfin serrer de nos embrassemens ce patriarche-Roi qui nous pressait si étroitement sur son cœur paternel; ce jour à jamais mémorable où les larmes de notre repentir et celles de sa miséricorde se confondaient, par un délicieux mélange, dans la sincérité du plus ardent amour; où l'éloquence muette de nos mutuels sanglots exprimait si énergiquement tendresse pour tendresse; où, par les transports d'une

unanime allégresse, nos âmes épanouies le
saluaient l'ange de notre résurrection ; jour
enfin de bénédiction, le plus beau, le plus
honorable dont aurait jamais à se glorifier notre
chère patrie, si un autre non moins beau, non
moins honorable, ne lui était prochainement
réservé.

Ah ! cessez, cessez, infâmes détracteurs,
de colomnier, ou rêvez-en mieux les moyens :
cessez de vouloir nous corrompre, ou déguisez
plus adroitement vos poisons.

*On accuse le Roi d'avoir avili la nation jus-
qu'à lui donner lui-même une constitution ;
qu'il aurait dû au contraire en recevoir, ou
tout au moins délibérer avec elle.*

Sans nous jeter, à l'égard de ce principe ha-
zardé, ou mieux à l'égard de ce système que
les grands vitupérateurs du gouvernement des
Bourbons paraîtraient aujourd'hui trouver pré-
férable ; oui, sans nous lancer dans la vague
d'une discussion polémique, en ce moment
surtout intempestive, de métaphysique politique ; sans même observer aux frondeurs qu'a-
vant d'attaquer la forme de cette constitution
royale, il faudrait en avoir démontré la défec-
tuosité, l'inconvénient, ou mieux encore lui
en avoir substitué une plus libérale, mieux

pondérée, mieux garantie; sans reprocher à ces prétendus publicistes versatiles, qui ont prôné tour à tour, avec un égal enthousiasme, et les constitutions impraticables de la démo-cratie et les constitutions serviles de l'empire, de condamner avec autant d'aversion aujour-d'hui une charte qui bien peut-être qu'impar-faite et susceptible encore de quelques amélio-rations, nous a du moins procuré les prin-cipales jouissances de la liberté, le droit réel de représentation, de discussion et d'initiative; sans enfin nous appesantir sur cette remarque tant soit peu pourtant judicieuse, que dans tous les cas cette inculpation, dérivée d'une théorie plus qu'abstraite, perversement tri-turée par le machiavélisme d'une détraction organisée, n'est au plus que la conséquence d'un axiôme de jurisprudence diplomatique non généralement consacré et tout au moins passible de doute et de controverse; bornons-nous à répondre à ce prétendu grief par l'au-torité sinon décisive, très-respectable, d'un exemple pris chez celle des grandes nations nos voisines, dont il serait heureux que nous pussions nous inoculer l'esprit public et nous adapter convenablement les constitutions; nous parlons, on le devine aisément, de la

Grande-Bretagne, dont la constitution comporte moins encore de garanties que celle royale qu'on prétendrait si gratuitement proscrire dans son fond, et plus peut-être en sa forme; en effet, la *Magna Charta* des Anglais, cette charte dont s'enorgueillit avec raison un peuple éminemment et ombrageusement libéral, cette charte que cette nation contemple, respecte et chérit comme le plus précieux monument de la sagesse sociale et le palladium de ses droits, de ses libertés, ne lui a-t-elle pas été octroyée par le seul monarque? et, de plus, ce mode qui excite autant les vociférations de nos hurleurs se disant libéraux, se concilie si bien même avec les sévères principes de la liberté républicaine, que c'est dans cette forme que les Thésée et les Lycurgue dictèrent leurs lois à leurs concitoyens. En consentant même de ne regarder ce sentiment, presque universel, que comme une simple opinion, ne craignons pas d'établir qu'il n'est pas un publiciste véritable qui puisse disconvenir de cette vérité de tous les pays monarchiques, et surtout applicable au nôtre et à la moralité de nos circonstances, qu'une charte, ainsi donnée par le Monarque, n'en devienne plus sacramentelle et plus obligatoire pour lui et les Rois ses successeurs, tant il leur serait plus honteux et plus criminel de manquer à des promesses librement faites, qu'à des engagemens imposés.

On reproche au gouvernement de n'avoir pas tenu assez religieusement à ses promesses, singulièrement dans la garantie de la liberté de la presse, de l'inviolabilité des ventes de domaines nationaux, et l'abolition des droits-réunis.

C'est à quoi nous allons successivement répondre, ou mieux, faire répondre l'exactitude des faits.

Liberté de la presse.

Bien que l'interprétation donnée, ou (pour rendre un plus entier hommage à la vérité) bien que l'espèce de modification infractive apportée à la lettre constitutionnelle à cet égard, puisse, jusqu'à certain point, recevoir quelque justification des temps, des esprits et des circonstances à l'empire desquels il est souvent dangereux et toujours imprudent de soustraire la législation, peut-on raisonnablement établir, cette restriction fût-elle un si grand grief, qu'elle soit imputable au Roi, quand on ne peut nier que, soumise à la délibération des chambres, elle n'a été que le résultat de ses longues et peut-être trop prolongées discussions, que ce soit dès-lors leur ouvrage, et, par une conséquence morale, celui de la nation qu'elles représentent ?

Peut-être répétera-t-on que les ministres, dévolutaires immédiats de l'autorité royale, et plus intéressés qu'aucun à martingaller les reproches, à museler la médisance et étouffer la voix de la plainte, sont évidemment ceux qui ont avec acharnement provoqué, sollicité, et enfin, à force de subornation, obtenu des chambres cette restriction, ce presqu'anéantissement de la liberté de la presse, en l'entravant d'une censure préalable qui la soumettait à leur vice-royal despotisme, et que les ministres étant les premiers agens confidentiels du monarque, c'est donc le Roi qui, en eux et par eux, s'est rendu coupable de cette subornation et de l'anti-liberté, même de l'anti-popularité de ses effets.

Nous conviendrons franchement que des ministres faibles, inhabiles, anti-nationaux, fripons, prévaricateurs et traîtres (nous avons fait en peu de mois l'épreuve qu'il peut s'en rencontrer), sont les premiers intéressés à comprimer la voix qui peut à tout moment signaler leurs défauts ou accuser leurs méfaits, non moins qu'à soudoyer et gager des deniers publics les prôneurs de leur débile et malveillante administration , nous conviendrons même que plusieurs de ces principaux agens de Louis XVIII ont trop visiblement travaillé les chambres sous ce rapport, pour qu'on n'y reconnût pas en eux plus d'intérêt privé et de vues personnelles que de vrai patriotisme ; mais aussi, par cela seul que le Roi a appelé sur ce point la délibération des chambres, on doit en conclure que ce bon prince, qui, en nous donnant sa charte constitutionnelle, s'était, comme tant d'autres , flatté qu'elle allait réconcilier tous les Français dans un même esprit, appaiser les passions et refrener les partis, ayant eu bientôt mille raisons d'apprendre de l'expérience qu'elles n'étaient pas, ces passions, assez éteintes encore pour ne pas se rallumer et ne causer pas un terrible incendie, a pu juger cette restriction de la liberté de la presse comme le plus prompt moyen, s'il en était possible encore, de le prévenir, et, fût-ce même sous le sage prétexte d'une interprétation de cette disposition législative, devoir appeler le patriotisme des chambres à concourir avec lui à cette mesure de salut public, dont l'urgente nécessité et l'avantage évident, vu la circonstance, pouvaient toutefois couvrir l'irrégularité. Ce sentiment, d'ailleurs ici supposé, à le prendre dans toute la rigueur de la réalité, n'a-t-il pas été, dans le sens de nos modernes publicistes, consacré par l'*approbation* des chambres, et conséquemment par la souveraine sanction du peuple? Eclairés par les événemens, convenons franchement que, peu mûrs encore à toutes les libertés , et peu capables de subir, sans inconvénient, une transition si subite du plus dur esclavage de la pensée à son licencieux déchaînement, nous avions déjà trop alors à en regretter les premières épreuves, et que s'il y a quelque chose à blâmer dans la mesure, c'est la tardiveté de son adoption.

Le Roi donc aurait-il pu avoir un tort, ce ne serait évidemment que celui d'avoir voulu émousser le couteau dont il voyait la malveillance disposée à frapper la patrie; et à qui du peuple ou de ses bourreaux conviendrait-il de le lui reprocher? La conduite de ceux-ci leur fait se rendre justice.

Quoi qu'il en soit, en effet, de la liberté de la presse , considérée relativement comme une arme à deux tranchans et pouvant également être tournée contre et pour le peuple, contre et pour le gouvernement, peut-on supposer qu'un Roi généralement proclamé et avoué même par ses détracteurs, essentiellement bon, vertueux , éclairé, dans l'esprit comme dans le cœur duquel conséquemment ses intérêts personnels ne sont pas moins inséparables de ceux de ses sujets, que ne le sont de leur nature ceux d'un père et de ses enfans, se soit sciemment rendu coupable de cette forfaiture monstrueuse envers lui-même. Il n'appartient qu'à l'aveuglement de la perversité de le penser, ou plutôt d'espérer le faire croire.

Mais quelle est, dans toutes les hypothèses imaginables, infâmes détracteurs, quelle est votre sottise, quelle est votre impudence, vous, vous les sicaires de Bonaparte, d'oser prononcer le mot de liberté de la presse et de subornation des grands corps de l'Etat? Vous oubliez-vous assez, et le maître que vous servez, pour douter qu'en proférant ces seuls mots vous ne portez contre vous et contre lui une terrible accusation , pour ne pas être un million de fois convaincus qu'en les articulant vous ne montrez du doigt les premières sources de vos crimes et des siens? Ah ! si vous ne pouvez rien diminuer de votre naturelle scélératesse et de la sienne trop inhérente , sachez du moins avoir la discrétion de ne pas vous-mêmes signaler vos crimes, et enlever à l'horreur nationale l'honneur de les publier et la gloire de les punir. .

Ventes de biens nationaux.

A-t-on apporté, ou seulement tenté d'apporter le moindre froissement à leur irrévocabilité? Non; au contraire, sa garantie, solennellement consacrée par la charte constitutionnelle, n'a-t-elle pas été mille fois, quoique surabondamment, formellement répétée par le Roi? Eh! pouvait-il être une seule minute de sa sainte existence, ce prince, nous aimons à le redire, éclairé, ce monarque profondément philosophe, plus démocrate peut-être qu'il ne conviendrait communément à un Roi de l'être, et qui s'est attiré plus d'une fois, de la part des ennemis des idées libérales, le reproche de n'être pas assez royaliste, pouvait-il se dépouiller de ses lumières, de sa sagesse, de sa foi aux traités, en un mot de tout lui-même, ne fût-ce que dans l'unique intérêt de sa couronne, bien moindre à sa belle âme que celui de la tranquillité publique, jusqu'à oublier que le trône étant le premier des biens nationaux, on ne peut porter atteinte aux uns sans risquer l'autre? Ici nous en appelons au

témoignage de ses conseillers, et principale-
ment de ceux dont nous n'avons pas eu à deviner la perfidie, qui, dans les vues hypocri-
tement scélérates de l'entraîner à quelques
fausses mesures à cet égard, ont été plus d'une
fois violemment alarmés de lui trouver une
résistance aussi énergique que raisonnée à
leurs perverses insinuations.

Sans doute, à ne juger que sur certaines ap-
parences isolées, notamment par les discussions, ou plutôt les vagues rabacheries des
chambres, sur la nécessité raisonnable au fond
de venir au secours des malheureux proscrits
totalement dépouillés, quelques esprits irré-
fléchis ont pu craindre, non peut-être que le
Roi, mais qu'après lui des successeurs moins
éclairés, ou plus faibles, ne maintinssent pas
aussi scrupuleusement ces ventes nationales ;
sans doute les grands diffamateurs de nos Bourbons pouvaient y trouver de quoi inventer la
défiance à l'intérêt naturellement soupçon-
neux des nouveaux acquéreurs, et, abusant
de leur facile inquiétude, leur persuader que la
dynastie réintégrée n'avait consenti que comme
transitoirement cette charte constitutionnelle,
consécrative de leurs droits. Mais outre que la
malveillance dénaturait, de tous les moyens de

son astucieuse perversité l'esprit de ces discussions, n'est-il pas juste de dire que si même
il avait pu s'y rencontrer jamais quelque chose
qui dût éveiller les alarmes, qu'enfin, s'il y
avait le moindre tort à reprocher, ce ne pouvait pas être imputable au Roi, qui, on ne saurait trop le répéter, s'est toujours fait une sainte
obligation de réitérer, dans mille occasions,
sa promesse de maintenir, de tous ses vœux et
de sa puissance royale, l'irrévocabilité de ces
ventes ? Ce tort n'appartiendrait-il pas, en effet,
exclusivement aux chambres, ou plutôt à ceux
de leurs indignes membres dont la perfidie,
et qui en douterait aujourd'hui qu'ils s'en font
un mérite, une vertu, dont la perfidie s'était
fait une monstrueuse étude de miner sourdement le trône des Bourbons, en élaborant sur
eux la défiance par la calomnie, et sa chûte
par la haine, ou au moins par l'indifférence du
peuple.

Eh ! par quelle fatalité est-on à-la-fois, chez
nous, si opiniâtrement sourd aux promesses
d'un prince indubitablement intéressé, d'intérêt
personnel, d'honneur et d'affection, à leur accomplissement, et si empressé de prêter l'o-
reille aux suggestions d'hommes notoirement
flétris dès long-temps, et en possession évi-

dente de ne vivre que de bassesses et de perfi-
dies ! Oui, véritablement à ne considérer que
superficiellement notre nation, et à l'analyser
par les évènemens actuels, on serait tenté de
croire qu'après avoir, avec plus de vélocité
qu'aucun peuple, parcouru tous les âges de la
civilisation, nous tombons précipitemment dans
la décrépitude de sa vieillesse ; mais, pour la
consolation de notre honneur, disons qu'il ne
faut pas juger la masse par une poignée de
misérables brigands, et demandons aussi que,
pour notre orgueil, on attende quelques jours
encore à nous juger.

L'abolition des droits-réunis.

Plaçons d'abord ici cette observation de
toute justice comme de toute justesse, que,
par une perversité qui marque l'effronterie des
détracteurs et leur sentiment de notre légèreté,
ils ont commencé par dénaturer les promesses
du Roi, exprimées en son nom par son digne
et si aimable frère le comte d'Artois, qui nous
avait promis non la suppression des droits-
réunis, mais l'abolition des droits vexatoires.
Telles sont fidèlement les paroles de ce prince.
Eh bien ! le Roi ne travaillait-il pas, avec l'infatigabilité de la plus paternelle affection, à nous
réaliser cette promesse sacrée, dont l'accom-

plissement était une des plus pressantes sollicitudes de son cœur? Ici encore nous en appelons à ses conseils, à ses ministres et aux chambres, avec qui il concertait les moyens d'arriver à ce but si ardemment désiré : nous eussions moins long-temps attendu ces heureux effets, sans doute, si ce n'était un des premiers caractères de la sagesse que les mesures qu'elle veut perfectionner ne soient pas aussi précipitées que le sentiment qui les provoque.

Mais aurait-il même, ce bon monarque, dès avant sa rentrée personnelle dans la patrie, nourri et fait annoncer sa résolution de supprimer les droits-réunis sans l'effectuer, quelle induction contre lui en pourrait raisonnablement tirer quiconque voudrait examiner et juger sans prévention cette apparente infraction de sa parole royale? Il reconnaîtrait d'abord que ce bon père, en ne consultant que ses désirs, avait pris la noble détermination d'apporter au sort de ses enfans une des plus sensibles améliorations dont il avait préjugé la possibilité, et qu'ensuite, rendu au milieu de son peuple, plus renseigné par ses représentans, et mieux instruit par son propre examen, il en aurait reconnu l'inconvénient relatif, l'impraticabilité du moment dans l'intérêt même physique et moral de la nation, vu le délabrement inimaginable des finances par les dilapidations, les folies belliqueuses, les prodigalités du dernier gouvernement, et une dette non moins inimaginable à acquitter. Oui, tout homme raisonnable, et tant soit peu au courant de notre situation financière, n'hésitera pas de prononcer hautement que si dans cette dernière hypothèse même il pouvait rester au Roi un tort de précipitation, ce ne serait que celui honorable d'un bon cœur, et s'écrierait avec tous les bons citoyens : Heureux, mille fois heureux les peuples dont les gouvernans ne sont reprochables que de semblables erreurs!

Dans cet état de choses, et dans le regret de ne pouvoir encore nous soulager du poids matériel de ces impôts, que devait-il faire, notre bon Roi? n'était-ce pas de travailler à en élaguer l'odieux? Eh bien, pouvons-nous ignorer, et oserait-on nier que dans cette vue, et par ses ordres exprès, les chambres et les ministres, comme, de son côté, le monarque lui-même et son conseil, ne s'occupassent activement d'organiser cet allègement moral, dans le but duquel on avait, de tous les points de l'empire, appelé les lumières les plus propres à eclairer cette réformation ?

Aux surnaturels génies seuls est réservé le privilége d'enfanter, de délibérer, fixer et régulariser, à la même minute, les plus importantes mesures d'intérêt national, et même du salut public. Aussi n'a-t-il fallu qu'un instant au grand Bonaparte pour nous délivrer du fléau si lourd, si insupportable des droits excessifs sur les boissons par le moyen miraculeux (la malveillance s'opiniâtre à dire par la rouerie impériale) d'un abonnement volontaire forcé, presque sans nul inconvénient, si ce n'est celui imperceptible de mettre sur la paille, et réduire à mourir de faim, neuf mille employés, la plupart, il est vrai, pères de famille, et celui, en revanche, d'autant avantageux pour le fisc, de la légère surcharge aux contribuables de 53 à 37 pour 100 de l'ancien impôt si courageusement supporté sous l'empire de Napoléon, et si insupportable sous le bon Roi. Mais votre empereur est un demi-dieu, et notre bon Louis n'est qu'un sage; et, comme nous l'avons dit déjà, pour le répéter plus d'une fois encore peut-être, il est dans l'humanité que le cœur signale les mesures, que le sentiment les adopte, et que la sagesse, plus lente, en élabore l'exécution.

On impute à crime aux Bourbons d'avoir

substitué le drapeau blanc à celui tricolore.

Sans l'insigne malignité qui a fait rêver cette inculpation, nous nous contenterions de lui donner bien et dûment sa place au rang des plus ridicules; mais dans les vues trop évidentes qui la font articuler, on est forcé d'en repousser, sinon l'ingénieuse, du moins la plus abominable atrocité; car, sans avoir besoin de remarquer, en remontant à l'étymologie chronologique de ces trois couleurs, qu'elles devaient rappeler des souvenirs plus que désagréables à la nation, et plus qu'amères à nos princes, ne pouvaient-elles être raisonnablement remplacées par l'ancienne bannière de la dynastie réintégrée, par cette cornette blanche que notre noble fierté vit flotter si glorieusement au camp de Turenne, aux plaines de Denain, sans que la plus noire calomnie attachât à cette substitution toute simple, toute naturelle, l'intention dans la cour de proscrire odieusement ce signe de nos derniers exploits, d'insulter à l'honneur national, de l'immoler aux fanions de l'émigration, et de faire ainsi le procès à tous les traits héroïques de la bravoure française depuis le commencement de notre ère révolutionnaire?

Qui, détracteurs aussi absurdes que méchans, pouvez-vous espérer corrompre par des poisons aussi gauchement apprêtés ? A quels Français, à quels vils militaires, pensez-vous faire croire que c'est au talisman du drapeau tricolore, que c'est même au prestige des aigles que nous devons nos triomphes ? Ah ! plus justes et moins injurieux appréciateurs de notre courage, apprenez de la conviction des braves, si vous en avez pu jusqu'ici aveuglément douter, que ce n'est pas nous qui avons vaincu par ces aigles ; mais que c'est par nous et notre valeur qu'elles ont été trop souvent et trop long-temps triomphantes.

On reproche au gouvernement des Bourbons d'avoir privé d'activité et mis nombre d'officiers en demi-solde dans leurs foyers.

D'autant plus sévèrement juste envers ces officiers, la plupart indignes de l'être, qu'ils auraient, par la plus inouïe des trahisons, déshonoré leur robe et l'épaulette, si jamais elles pouvaient cesser d'être respectables par le crime personnel de quelques transfuges de l'honneur, de quelques êtres sans sentimens comme sans principes, de quelques misérables bandits qui ne tiennent de l'humanité que ses vices les plus honteux ; oui, sévèrement juste, nous leur demanderons à quel titre on leur accordait en inactivité, par une mesure générale jusqu'ici insolite, un demi-traitement qu'on n'a pas donné aux autres fonctionnaires publics, militaires et civils, dont les circonstances avaient de même amené la suppression des emplois : ces derniers, pris également en masse, avaient-ils moins de droits qu'eux à cette munificence nationale ? Non, sans doute, et équitablement c'est être déjà trop favorable à la majeure partie de ces officiers, que de les mettre en même ligne les uns et les autres, quand nombre de ceux-ci, déjà fort âgés, comptaient des quinze, vingt et trente années d'honorables services, et que beaucoup d'officiers valides n'avaient que quatre mois d'épaulette et même de service, y compris leur stage dans des écoles à tambours et trompettes.

Mais faisant à ces officiers, en considération de ceux d'entre eux qui, doublement estimables et plus nombreux qu'on ne le pense communément, ont su héroïquement résister à la corruption, et ne déroger pas à la dignité de leur glorieux caractère, la généreuse remise de cette observation irréfutable, contentons-nous de demander aux détracteurs de nous démontrer, avant tout, la nécessité, puis la possibilité de conserver et d'entretenir, en temps de profonde paix, et dans notre réduction à vingt-un millions d'habitans, une armée calculée sur le plus grand pied de guerre, et une population de quarante-six millions, et même une masse surproportionnelle d'officiers dont la majeure partie fournie par l'intérieur et la métropole, comme centre principal d'instruction, devait, au cas de congés aux naturels des pays restitués, demeurer à la charge de l'Etat.

La guerre ne nourrissait plus la guerre, la carrière des conquêtes était heureusement fermée, et celle des grandes entreprises coloniales, bien qu'elle s'édifiât, n'était pas encore ouverte. Dans cet état de choses, et surtout dans celui d'épuisement de nos finances, le traitement de demi-solde n'était-il pas, en droit et en fait, une très-ample générosité du gouvernement envers ces officiers rendus à eux-mêmes, et non moins susceptibles de s'utiliser que tous autres citoyens ? Les mieux gratifiés de cette classe à laquelle pourtant Bonaparte sacrifiait tout, comme la principale échasse de sa grandeur, le premier instrument de son ambition, et le plus nécessaire marche-pied de sa tyrannie, oui, les plus favorisés, les plus infirmes et les plus méritans ont-ils jamais été plus gracieusement retraités par leur Napoléon?

Si donc, et nous pouvons défier l'effronterie des diffamateurs d'oser le contester, si ce traitement de demi-solde à l'inactivité valide était plus que généreux; si, comme encore nous défions de le nier, il a été bien payé à l'échéance de chaque trimestre, où est sous ce rapport cette si grave culpabilité des Bourbons ? Ah ! loin de les accuser de parcimonie, et de crier à l'injustice du gouvernement à l'égard de ces officiers, combien ne doivent-ils pas, au contraire, bénir sa bienfaisance et son administration, d'avoir fait autant pour eux , de l'avoir fait si bien quand , avec infiniment moins de ressources que n'en avait le gouvernement précédent, lors même que , faisant ses magnifiques et si butineuses conquêtes, il épuisait le trésor, accroissait de jour en jour la dette publique, et ajoutait scandaleusement à l'arriéré, on avait en même temps à satisfaire l'indemnité de nombreux prisonniers rentrans, à aligner la solde de la troupe active, à pourvoir aux traitemens civils, à acquitter les fournitures anciennes, à réparer des pertes immenses, et enfin à couvrir des engagemens considérables contractés par la prodigalité d'un misérable vampire et de ses dignes coopérateurs, qui, quand ils auraient fait le vœu secret de combler notre misère, et d'épuiser le sang français, ne pouvaient jamais tendre plus efficacement au parfait accomplissement de ce pacte sacrilége.

On impute aux Bourbons d'avoir centralisé leur affection et leurs faveurs sur les compagnons de leur exil et de leurs calamités.

Il est vrai d'avouer que parfois on a pu être tenté de croire, non que le Roi personnellement, dans la maison de qui on jouissait de trouver un gracieux M. Depienne, ni qu'un comte d'Artois, près duquel on aimait à rencontrer des MM. Armand et Jules Polignac, un admirable Alexandre Noailles, un M. de Puyvert, et plusieurs autres de cette affabilité, mais que la cour en général voulait être moins celle de la nation que celle des émigrés, tant on semblait s'y former de ceux-ci une muraille de séparation entre elle et le peuple, que souvent ces exclusifs entoureurs rebutaient, ou, par un plus grand mépris encore, faisaient rebuter par leur valetaille avec une laconique insolence dont ont gémi douloureusement les vrais amis des Bourbons et de la patrie. Mais ce tort éminemment grave de basse hauteur et d'impolitique, toujours dangereux, et plus encore dans les circonstances, était-il du Roi et des princes ? Non, et mille fois non. Votre preuve ? dira-t-on. Notre preuve! notre preuve claire, positive, irréfutable, c'est que nul Français, de quelque condition qu'il fût, et nous en appelons sur ce point à la nation entière, c'est que nul Français n'a jamais eu à se plaindre, non d'avoir été rebuté ni froidement reçu, mais même de n'avoir pas été très et très-gracieusement accueilli par aucun des princes et l'auguste princesse, quand il a eu le bonheur d'en approcher.

Ici, toutefois, nous confesserons, par un religieux tribut à la vérité, qu'un des princes, dont la vivacité, la franchise et la légitime réputation de bravoure lui avait d'abord gagné priviligièrement l'attachement du soldat et la prédilection des officiers, n'a pas toujours été maître, emporté par une bouillante jeunesse, un caractère naturellement guerrier, et plus encore peut-être armé d'avance d'injustes préventions par l'hypocrisie d'une malveillance organisée autour de chacun d'eux, oui, n'a point toujours été assez maître de ne dépasser pas la ligne imperceptible qui sépare la franchise de la rudesse, et la vivacité de la brusquerie ; mais livrons-nous confidemment à la douce conviction, fondée sur la bonté incontestable de son cœur et la noblesse de sa belle âme,

que l'expérience lui aura appris à régulariser
plus son ardeur, en la lui faisant mesurer à
l'échelle de sa dignité, et lui aura ainsi disposé
la reconquête facile de l'amour du peuple et de
l'affection de l'armée. Quant au fond de cette
inculpation de faveur exclusive de la cour aux
émigrés, nous sommes en droit d'assurer, et
nous défions les diffamateurs de nous nier que
sur cent grâces, cent avancemens, cent places
tant militaires que civiles, deux seulement
soient échus à cette classe, pourtant sans
autre ressource que la bienveillance du gouvernement.

*Un des grands reproches, plus malicieux
que fondé, fait aux Bourbons, est d'avoir,
en la prodiguant, avili la décoration de la
légion d'honneur.*

Si ça été la dégrader que de l'ennoblir, oui,
l'ennoblir plus encore de l'effigie du meilleur
des Rois, d'un monarque que les souverains
les plus dignes de l'être s'étudient à copier,
comme leur plus parfait modèle, d'un prince que
nul Français ne nommera jamais sans l'attendrissement de la vénération et de la reconnaissance et que les Bourbons, sa digne lignée,
ne citent qu'avec un légitime orgueil; si ça
été l'avilir que de la porter avec la croix de

Saint - Louis ; si ça été la déshonorer que d'en récompenser les plus éminens services, d'en distinguer les plus grands talens, après l'avoir solennellement, par la charte constitutionnelle, consacrée un des premiers ordres de l'Etat, certes, notre bon Roi et nos princes en sont incontestablement criminels, et nous les en déclarons hautement convaincus.

Aurait-on la maladroite impudeur, l'indiscrète méchanceté d'argumenter, pour justifier ce reproche, de quelque application erronée de cette distinction ? Mais, misérables, votre demi-dieu, et conséquèmment plus infaillible Napoléon, ne l'a-t-il toujours que bien placée? Nous laissons à résoudre cette question par nombre infini de brigands qui, nés de la fange, nourris de souillures et éduqués à l'école du crime, ne se sont jamais signalés que par leur expertise en l'art du pillage, une soif insatiable du sang humain, et qui aujourd'hui, enragés de leur impuissance d'aller répandre celui de nos voisins, n'aspirent qu'à verser celui de leurs concitoyens, et même, ne nous le niez pas, à nous qui l'entendons à chaque heure du jour de ces monstres honorés, à boire celui des auteurs de leurs jours, s'ils les trouvent dans un sentiment autre que le leur sur nos grands événemens.

On accuse les Bourbons d'avoir secrète-ment nourri la pensée de rendre bientôt au clergé son ancienne prédomination, ses pri-viléges, ses dîmes; et à l'ancienne noblesse, ses prérogatives, ses droits féodaux.

Ils eussent effectivement, les diffamateurs, fait fraude à leur perversité et au plan confié à leur scélératesse, de ne dénaturer, pour les attaquer, que les actes du gouvernement royal, sans le calomnier jusque dans ses prétendues pensées : tant d'indifférence et de retenue n'é-tait pas de l'héroïsme de leur malignité; aussi, par une générosité bien digne de ces vils Séi-des et de l'abominable dieu de leur culte, ne trouvant pas dans la conduite patente du gou-vernement bourbonien assez ample curée à leur méchanceté, s'empressent-ils de lui prêter des arrières-pensées pour le rendre suspect, puis odieux; mais ne sommes-nous pas en droit de leur demander dans quelles circonstances, en quoi et comment le Roi a-t-il jamais donné le moindre lieu à ce que, même pour la plus subtile induction, on puisse concevoir de lui de pareils soupçons, quand sa charte consti-tutionnelle, quand ses œuvres de chaque jour, ses réassurances de chaque minute en proscrivaient jusqu'à la plus légère idée. Que sera-ce, si, par l'ascendant de la plus solennelle comme de la plus irrésistible notoriété, on les contraint, ces pitoyables détracteurs, d'avouer, comme ils ne peuvent se dispenser de le faire, que notre pieux Monarque a bien moins accordé d'honneurs et de secours au clergé, que ce dernier n'a reçu de dignités et de récompenses de leur profondément impie Napoléon, dans le temps de ses prospérités ?

Peut-être veulent-ils, ces accusateurs forcenés, employant la ruse d'une tactique toute nouvelle dans l'art de la perversité, prouver l'impiété du Roi par sa piété même, et osant le taxer d'hypocrisie politique, démontrer son irréligion envers les hommes par sa religion envers Dieu, et son infidélité au plus saint des contrats humains par sa fidélité aux dogmes de l'Eglise; ou même, sans déroger à la dignité d'une jonglerie héroïque jusqu'à louvoyer astucieusement dans la route de la scélératesse, veulent-ils faire directement au Roi un crime de sa foi religieuse, et, argumentant contre lui du rétablissement du culte extérieur, en tirer la preuve, suivant eux positive, du prochain rétablissement du clergé dans ses anciens droits?

Telle est pourtant leur manœuvre favorite, et, en vérité, on ne sait trop ici de quoi on doit le plus s'étonner ou de leur audace ou de leur ignorance ; en effet, peuvent-ils ignorer, ces maîtres-ès-arts du crime, ces professeurs du doctorat politique, peuvent-ils ignorer que les Anglais, ombrageusement fiers de leurs libertés, et que les Allemands, ces vétérans de la philosophie la plus hardie, observent, protègent et recommandent le culte extérieur ? que l'idée si révoltante pour nos licenciés libéraux, d'un Être-Suprême, n'est pas, à leurs yeux, un préjugé servile, un des caractères de la brutalité, et que, dans tous les temps, au contraire, leur sagesse leur a fait ne voir rien de plus anti-libéral que l'essai d'éteindre dans les âmes les sentimens religieux, qui, outre leurs avantages spirituels incalculables, ont celui de tenir lieu de morale à tant de millions d'individus ? Avouons que nos maigres philosophes modernes s'égarent dans une route toute contraire ; eh ! pouvaient-ils rendre un plus mauvais office à la cause de la liberté, qu'ils tuent en feignant de l'idolâtrer, que de la mettre ainsi en opposition diamétrale avec une religion qui affranchit véritablement les peuples ! Mais qui saurait faire que la perversité ne cherchât

pas à rendre suspecte la première des vertus,
quand elle s'est créé un système, fait un besoin et imposé l'obligation d'épuiser tous les
genres de calomnies, tous les moyens de dé-
sorganisation sociale? Toutefois, pour donner
à l'amour-propre de ces grands-prêtres de la
plus infernale divinité, une légitime consolation de l'insuccès de leur perversité, applau-
dissons à leur perspicacité d'avoir su du moins
deviner que le moins faillible et seul moyen
peut-être de trouver de vrais ennemis à nos
augustes et vertueux Bourbons, était de chercher à les recruter dans l'athéisme et l'immo-
ralité.

L'ancienne noblesse.

Qu'a-t-on fait pour elle qui ne soit pas dicté
par la stricte équité, despotiquement ordonné
par la raison, sagement mesuré par la politique ? A-t-on fait plus que de la mélanger avec
la nouvelle par un sage alliage avantageux à
l'une et à l'autre ? A-t-on fait plus que de les
appeler toutes deux, par un harmonieux con-
cours, aux mêmes emplois, dans les mêmes
grades, mêmes fonctions, mêmes corpora-
tions, pour mieux achever de fondre cette
disparité imaginaire, que la malveillance et la
sottise, dans l'une et dans l'autre, avaient des

prétentions à nuancer ? Qu'on veuille voir d'un œil impartial ce qui a été fait concurremment pour toutes deux , et l'on sera forcé de reconnaître que , comparativement , la nouvelle a été infiniment mieux traitée ; car, n'hésitons pas de proclamer , sans crainte de commettre une hérésie, que si, dans la nouvelle noblesse , on avait à récompenser d'éclatans services récens, on avait aussi à ne pas négliger, dans l'ancienne , de non moins grands services passés , et qu'ainsi, alignées équitablement dans l'admiration et la reconnaissance nationales, l'ancienne avait, pour suravantage à une bienfaisance particulière du moment, les droits de son infortune et de sa misère.

Le gouvernement, par une abnégation des principes de justice qui scellaient tous ses actes, comme ils caractérisaient toutes ses pensées, pouvait-il ne pas remettre , et la nation elle-même , par une renonciation subite aux beaux sentimens qui la distinguent, pouvait-elle ne pas restituer à l'ancienne noblesse le peu de ses biens demeurés invendus ? Le pouvait-ils ? Eh! n'aurait-ce pas été s'imposer la double flétrissure de l'iniquité et de la barbarie ? Ah ! honte, opprobre, malédiction, et mille fois anathême à quiconque se serait seulement sur-

pris l'idée de délibérer sur une question si hautement solue d'avance par les premiers élé-
mens de la morale, l'humanité, la délicatesse,
et l'honneur; il ne serait pas né Français, ou
bien il eût cessé de l'être. Ne faudrait-il pas
dès-lors suer la perversité, pour trouver ou
s'étudier à signaler, dans une semblable mesure, l'avant-coureur de la réintégrande de
tous les émigrés dans leurs biens vendus, et de
l'ancienne noblesse dans ses droits et priviléges
féodaux?

Reprochera t-on au gouvernement d'avoir
donné quelques pensions à des émigrés?

En observant que la bonté du Roi a pu être
parfois surprise par l'intrigue masquée du mal-
heur, par la bassesse déguisée d'une honorable infortune, par la perfidie travestie d'une
misère pitoyable; en confessant même que cette
mesure, qui, en principe, ne pouvait que plaire
aux révolutionnaires restés sages et généreux,
a été dénaturée par la vilité d'un grand nombre
d'ignobles nobles rentrés dès long-temps sous
le Corse, et qui, après avoir déserté les dra-
peaux du royalisme, fait et scellé leur pacte de
soumission, d'amitié, de dévouement même
avec le gouvernement qu'ils avaient d'abord
appelé et réappelaient de nouveau illégitime,

accoururent en foule, en obstruant effrontément les couloirs du trône, pour réclamer des
secours qui auraient été plus équitablement
remplacés par l'exemplaire châtiment de leur
turpitude, nous proclamerons, sans hésitation,
cette trop grande vérité de fait, que beaucoup
au moins de ces respectables victimes des ré-
volutions et de leur constante fidélité, ne rap-
portaient de leur trop long exil que leur détresse, leurs droits à l'estime générale et leur
qualité de Français. Disconviendra-t-on, et
quelle âme d'airain pourrait le faire? disconviendra-t-on, à l'égard de ceux-ci, qu'on ne
dût les secourir? Or, deux moyens concou-
raient à cette juste nécessité : des emplois ou
quelqu'affection. Vieux pour la plupart de leur
âge et de leurs infirmités, très-peu véritablement se trouvaient susceptibles d'utilisation ;
restait donc, pour le soulagement des autres,
l'unique moyen de leur assigner quelque mo-
dique pension. Mais pour opérer cette belle
œuvre, et lui concilier à la fois la reconnaissance de l'humanité et la plus grande admiration du peuple, il convenait qu'un bon prince
l'effectuât sans surcharger la nation, déjà très-
obérée; hé bien! ce seul, cet admirable moyen,
la sagesse du Roi le lui signala, et sa bienfai-

sance le lui fit saisir avec avidité : il subvint à cet acte de charité, de justice et de politique, par des affectations *sur sa cassette particulière*, et, sans redouter le plus léger démenti fondé de la part des détracteurs, tout impudens qu'ils se montrent, nous établissons que nulle pension civile de ce genre n'a été constituée par le Roi que sur sa caisse personnelle ; si les diffamateurs s'opiniâtraient méchamment à le nier, les livres du trésor sont là pour les confondre, confirmer l'assertion que nous n'en faisons que de certaine science, et former le complément de la réfutation de ce chef de colomnie.

Mais ne nous bornons pas à n'opposer que la vérité des faits à l'infernale détraction, et confondons-la jusque dans ses suppositions ; car, enflammée déjà du plus ardent dévouement pour *sa belle cause*, et indubitablement bien salariée d'avance, soit par la caisse de l'effectif, soit par de bonnes traites sur celle des espérances, elle manquerait à son caractère et à ses obligations de se laisser ainsi parer dans les faits évidens, sans user, pour la riposte, de l'arme des suppositions, qui n'est pas la moins acérée de son arsenal : aussi l'entendons-nous porter, sur ce point, un dernier argument de la logique, sinon la plus saine en prin-

cipes, la plus perverse dans ses conséquences.
« Le comte d'Artois, dit-elle, a promis aux
» émigrés un avenir heureux; et ceux-ci, par
» les sentimens tant du besoin et de la cupi-
» dité, que de l'orgueil et de la vengeance qui
» les animent, ne pouvant se retrouver heu-
» reux sans recouvrer tous leurs biens, tous
» leurs droits, tous leurs priviléges, ça donc
» été leurs biens nationalement vendus, leurs
» droits supprimés, leurs priviléges abolis,
» que la cour avait la résolution de leur res-
» tituer. »

Cet argument erroné, d'une dialectique
atroce et non moins insidieuse, quoique peu
propre à faire fortune dans la classe raison-
nante, a pu produire, dans quelques esprits
paresseux ou déjà mal disposés par l'ombrage
de l'intérêt, des impressions fâcheuses, que les
moindres réflexions suffisent pour détruire.

En effet, ce prince, si éminemment distingué
de tous temps par sa bonté et sa chevaleresque
amabilité, qui avait, à son arrivée, si généralement charmé les esprits et reconquis les
cœurs, en disant, avec la grâce naturelle du
sentiment, *qu'il n'y avait rien de changé en
France, si ce n'est qu'il s'y trouvait un Français de plus*, ce prince s'exprime avec la même

noblesse sur le sort des malheureux émigrés ; il voit aussi en eux quelques Français de plus, et console leur misère par l'expectative d'un avenir heureux. N'était-ce pas un devoir sacré que lui imposait son auguste caractère, quand il ne lui aurait pas été dicté par sa grande âme, de consoler l'infortune et même de la secourir ? Hé bien ! c'est cette vertu essentiellement nationale de tous les cœurs français, que la malveillance prétendrait criminaliser ! Mais allons plus loin encore, et combattons cette perfide supposition de la détraction par une autre profondément raisonnable. Oui, par une hypothèse bien hautement répudiée d'avance, supposons que le comte d'Artois ait eu réellement, et aussi fortement qu'il en était éloigné, *toute* l'intention que lui prête malignement la malveillance ; cette intention, ce désir, cette résolution d'un prince, pouvaient-ils jamais prévaloir, dans les esprits les plus faibles, sur la puissance du principe solennellement fixé par le Roi, comme Roi, de l'irrévocabilité des ventes nationales des domaines d'émigrés ? pouvaient-ils prévaloir contre un engagement sacré, contracté constitutionellement et dès lors synallagmatiquement, entre le monarque et la nation ? Non, sans doute ; si donc la malignité a pu , sous ce rapport , enfanter quelques alarmes, ne fût-ce que d'un moment, avouons qu'elle a parfois fait des dupes à peu de frais , et sans autre peine que de se jouer effrontément de la crédulité.

On reproche aux Bourbons de n'avoir pas assez caressé l'armée , ni cru suffisamment à l'honneur de la maison militaire du précédent gouvernement pour lui confier la garde immédiate du trône.

En thèse générale , nous établirons, avec tous les publicistes , qu'employer auprès de l'armée ce qu'on appelle la caresse , est en même temps lui donner de sa prépondérance morale un sentiment que sa prépondérance physique ne peut que rendre plus dangereux , et aussi faire , par le gouvernement, un aveu de faiblesse souvent funeste et toujours indiscret. Mais ici, disons que de ces deux griefs le premier s'écroule devant les nombreuses décorations données à la troupe, devant le maintien de l'intégralité de sa solde , la ponctualité de son paiement, et les constans éloges de sa bravoure; et le second, fût-il même fondé, ne reçoit-il pas des évènemens derniers et des aveux plus que scandaleux qui les ont précédés , accompagnés et suivis, une justification aussi ample que déplorable ! Hé ! pouvaient-ils, par quelques faveurs de plus, être retenus dans la fidélité, ceux qui, au moindre appel de la corruption, ont pu rompre sans hésiter la triple chaîne du devoir, de la foi jurée, et de l'honneur? Pourtant répétons, pour alléger tant soit peu ce crime affreux d'une partie de la troupe française, que les plus coupables, peut-être, sont quelques grands entoureurs de nos princes, entoureurs mille fois odieux et punissables, qui, monstrueusement fidèles à l'infidélité et à leur plan secret d'organiser et d'accroître de plus en plus l'éloignement réciproque de la cour et du militaire, soufflaient d'une part, aux princes, de défavorables préventions, et à l'armée, l'aigreur et la trahison.

On reproche encore aux Bourbons une faiblesse de caractère qui les rend incapables de gouverner.

Si c'est bien gouverner une nation que d'en faire, avec la prestesse de la pensée, une horde d'enragés et d'égorgeurs, sous le faux titre de braves ; si c'est régner en grand Roi que de priser assez peu un grand peuple, pour le ruer au gré de la passion et des convulsions fébriles d'un phrénétique amour-propre, sur des voisins dormant confidemment dans la foi des traités, d'en envahir le territoire, saccager les campagnes, réduire les cités en cendres, en attaquer à force ouverte les souverains, et les combattre avec l'arme infernale du poison et de l'assassinat, d'en miner par la trahison, et culbuter les trônes ; de porter, en un mot, partout et même sans prétexte, la terreur, la désolation et la mort ; certes, aucun de nos Bourbons sans doute ne saura jamais, non pas seulement atteindre, mais tendre même d'un premier pas à la moindre vertu de cette per-fection napoléonienne. Si, au contraire, c'est véritablement bien gouverner l'une des pre-mières nations du globe, que de la chérir ten-drement, de lui donner de sages lois appro-priées, de les faire exécuter avec la douce fer-meté d'un père, de respecter les droits des étrangers et faire respecter les siens, de main-tenir la souveraineté du diadême et la majesté du peuple, de travailler constamment à alléger les fardeaux publics, de mettre plus sa gloire à gagner les cœurs de ses sujets qu'à conquérir des voisins, à faire fleurir et fructifier à l'ombre de la paix le commerce, l'agriculture et les arts ; de prêcher d'exemple toutes les vertus, de vi-vifier la morale, de n'être redoutable qu'au vice, à la licence, au brigandage, au lieu de les ériger en civique héroïsme ; et enfin, de savoir se rendre heureux, sur le trône, du parfait bonheur de ses enfans, qui plus que notre bon Louis XVIII, et les dignes princes de son auguste race, a des titres à régner sur nous, avec nous et pour nous ?

Mais pour ne pas laisser sans réponse directe le chef de faiblesse articulé par la diffamation, appelons un instant ses regards sur la conduite personnelle du Roi, lorsque l'Angleterre, par une exaltation philantropique fort respectable sans doute dans ses motifs, a paru vouloir nous dicter comme loi l'abolition de la traite ; le Roi ne s'est-il pas opposé, avec toute l'énergie de la vigueur, à ce que cette proposition pouvait, dans sa forme, présenter d'inconvenant à l'éclat de sa couronne et à la dignité de son peuple ? Au congrès de Vienne, la conduite de la France également a-t-elle été sans noblesse et sans résultats ? Qui a plaidé avec plus de chaleur, d'héroïsme et d'efficacité, la cause des faibles ? En qui espérèrent les Génois, les Saxons, les Bavarois ? Ah! convenons que si les Bourbons ont une faiblesse, c'est celle de s'obstiner toujours, par une tension aussi persévérante qu'ingénieuse, à se faire illusion, à ne regarder que comme égarés des

monstres profondément criminels. Aussi espé-
rons que, guéris par l'expérience de cette ma-
ladie des bons cœurs, ils auront appris enfin,
malgré eux-mêmes, que c'est, suivant les circonstances, une faute très-grave et non moins
funeste dans un monarque ami de son peuple,
de laisser aux perturbateurs, aux factieux, aux
traîtres, aux brigands; enfin, à espérer plus en
son infinie miséricorde, qu'à redouter de la
sévérité de sa justice; et concluons de là que si
la devise de l'abominable Corse était : *Le premier qui fut Roi fut un soldat heureux*, celle
toute contraire de nos Bourbons, depuis huit
cents ans, est : *Le premier qui fut Roi fut un
père adoré*.

*On ajoute aux griefs du Roi et de sa fa-
mille, de s'être, dans cette dernière catastro-
phe, éloignés de la capitale.*

Ah ! sans doute, c'est là, et ce sera toujours
là leur plus grand et leur plus irrémissible crime
aux yeux de cruels ennemis déchirés de regrets, consumés de rage de n'avoir pu et de ne
pouvoir en faire d'autres Louis XVI, en accom-
plissant jusque sur le dernier de cette illustre
famille, un assassinat qui n'était pas moins ré-
solu par le cœur de ces monstres, qu'arrêté
dans le plan commis à leur barbarie. Aussi en-

vociferent-ils et vociféreront-ils long-temps encore leurs poignantes douleurs. Plus tigres et plus hyènes que les hyènes et les tigres, pourraient-ils ne pas heurler leurs regrets d'avoir manqué pour jamais de si belles proies, dont d'avance leur imagination délectée se lotissait les lambeaux, dont leurs yeux enchantés se repaissaient d'avance de voir ruisseler le sang de leurs flancs déchirés? Comme leur férocité jouissait déjà d'en savourer les entrailles palpitantes! Mais devaient-ils, notre bon Roi et les princes, tenir la capitale, quand dans la plus favorable hypothèse, ils l'exposaient évidemment, par leur séjour, aux horreurs du massacre, de la dévastation et de l'incendie ; quand en compromettant leur dynastie, ils pouvaient, faute de point de ralliement, livrer leur chère patrie aux déchiremens de guerres intestines et étrangères ? Le devaient-ils, quand, n'ayant contre une forêt de baïonnettes aiguisées par le parricide, que le bouclier de leurs vertus, pour avocats que les sanglots d'un peuple stupéfié de regrets et de douleurs, pour défenseurs que la fidélité de quelques gardes nationaux pères de famille, et une maison militaire aussi jalousée que peu nombreuse, qui auraient tous été inévitablement victimes sté-

riles de leur intrépide dévouement? Le pouvaient-ils, quand la portion de la nation qui
semblait jusqu'alors s'arroger plus particulièrement la possession du domaine de l'honneur,
quand l'armée........................

....................................,

..... Ah ! comprimons notre juste indignation ; et sans replonger toute l'horrible profondeur de cette forfaiture, qu'il nous suffise
ici de gémir sur une faute qui nous a déjà coûté
tant de soupirs, qui peut nous coûter bien du
sang, et tâchons de nous flatter du consolant
espoir que ceux dont l'égarement a pu les en
rendre coupables, sauront du moins saisir
avec l'avidité de la repentance, l'occcasion qui,
malheureuse pour nous, mais heureuse pour
leur gloire, va s'offrir à eux d'en rendre excusable la criminalité, et de se racheter de leur
ignominie ; ou si la fureur les aveugle jusqu'à
vouloir effacer leurs forfaits par d'autres forfaits, croyons que le ciel, justement courroucé,
trouvera dans sa justice à leur égard un terrible supplément à l'impuissance nationale.

*On accuse également les Bourbons, et sin-
gulièrement la duchesse d'Angoulême, d'avoir
fomenté, opéré, dirigé des soulèvemens armés
dans diverses parties de la France, contre les*

bandes de Bonaparte ; ce qui, ne pouvant at-
teindre le but proposé sans avoir armé les ci-
toyenscontre les citoyens, constitue nos princes
coupables d'avoir organisé la guerre civile et
commencé à répandre le sang français.

Il faut s'être bien despotiquement imposé
de modération, pour retenir ici toute l'indignation que soulèvent la sottise, l'indiscrétion
et la perfidie d'une telle accusation ; il faut
également s'être d'avance indissolublement en-
chaîné de l'obligation d'examiner et de discuter
chacun des griefs articulés, pour ne s'abstenir
pas de le faire à l'égard de celui-ci, qui s'af-
faisse et se fond sous sa propre absurdité. Mais
puisque d'un côté les gens égarés désirent des
raisons, et que de l'autre la malveillance, tout
en les redoutant, en exige, hâtons-nous de
leur en donner dont les uns sentiront la justesse, et dont les autres ne pourront nier la
palpabilité.

S'il est d'obligation sacrée à tous citoyens
de courir sus, et à tous dépositaires de la force
exécutive de faire courir sus aux brigands armés pour troubler l'ordre public, piller les
habitations, ravager les provinces, n'auraient-
ils pas, nos princes, été bien criminels alors,
comme nous-mêmes, de ne pas suivre cet

exemple, aujourd'hui que nous sommes dans une toute semblable circonstance, de se dispenser de le faire contre le plus infâme des scélérats et sa bande de complices, ne tentant évidemment rien moins que l'envahissement, le pillage, la désolation de tout le royaume, le massacre du souverain et l'asservissement de la patrie? Quoi! ils eussent été coupables d'avoir tenté cette essentielle et sainte mesure de salut public! Ah! si un certain 5 octobre, à Versailles, le trop bon et infortuné frère de notre Roi, le trop bon et malheureux père de notre auguste princesse, avait pu prendre sur son cœur, trop erronément humain, de laisser mitrailler quelques centaines de moindres brigands, aurait-il, après avoir cent fois vidé le calice d'ignominie et souffert mille agonies, aurait-il . . . . Et nous, aurions-nous . . . ., aurions-nous parcouru, depuis un quart de siècle, une carrière de déchiremens et d'horreurs, toute détrempée encore de nos larmes et de notre sang? Ceux-ci, comme ceux-là, oserait-on répéter, sont aussi nos concitoyens, des Français, nos frères; nos concitoyens? ils n'ont plus et ne peuvent jamais avoir de patrie ; des Français ? ils ont cessé de l'être, dès qu'enfans dénaturés, ces Séides du brigandage n'aspirent qu'à percer le sein qui les a nourris ; nos frères ? le sont-ils quand, le fer et la flamme à la main, ils nous apportent en rugissant l'esclavage ou la mort ? Quoi ! parce qu'ils sont nés Français, ils pouvaient donc impunément être envers nous criminels des plus grands attentats ; et nous, nous ne pouvions et ne pourrions, sans crime, nous opposer à leurs forfaits ? Sans doute il vous serait heureux, aujourd'hui surtout, exécrables sicaires du plus exécrable tyran, de faire consacrer une telle doctrine, d'autant plus salutaire pour vous qu'elle est plus reprouvée par le sentiment de nos intérêts et de notre honneur, qui prescrivent impérieusement que la branche pourrie soit élaguée du tronc, que le membre gangrené soit subitement séparé du corps. Voici la réfutation de ce prétendu grief ; voici la réponse à votre indiscrète accusation ; voici l'arrêt dont, s'il en est besoin, tous les bons Français vont concourir énergiquement à l'exécution.

Mais il sied bien au massacreur Bonaparte, à l'ogre Napoléon, d'oser, avec une audacieuse hypocrisie, qui n'est comparable qu'à sa

férocité, reprocher aux Bourbons ce verse-
ment, si pénible à leur cœur débonnaire, mais
si nécessité, du sang prétendu Français, lui
dont la barbare ambition n'a pu être une seule
minute de sa monstrueuse tyrannie sans le répandre à grands flots, lui qui n'a cessé de nous
faire égorger par milliers, lui, enfin, dont la
frénétique cruauté, délicieusement charmée au
milieu des morts et des mourans, semblait
sourire au criminel espoir de parvenir enfin à
se faire de ces montagnes de nos ossemens et
de nos cadavres, entassées les unes sur les autres, un moyen d'escalader le ciel pour en dé-
trôner aussi le souverain.

Pour ce qui est particulièrement de notre
auguste princesse, espérez-vous, brigands,
comprimer, par vos heurlemens, la voix de
notre reconnaissance éternelle pour son courage à défendre, en cette occurrence, la patrie
et notre honneur, son sang et son roi? Ou
mieux, penseriez-vous que son héroïsme mé-
ritât plus que notre admiration profonde, puisque vous y ajoutez le supplément de votre hai-
neuse accusation ? Ah! sans doute, son héroïsme, comme ses vertus, quoique toujours
présent à nos cœurs, dont pourtant chaque
soupir en est un de tendresse, de reconnais-

sance et de bénédiction pour cette céleste fille de nos Rois, la plus belle confirmation de l'illustration de son sang, comme le plus bel éloge de son sexe, sans doute son mâle courage et ses angéliques vertus, nous constituent à jamais reliquataires, envers elle, d'admiration et d'amour (nous sommes heureux et fiers d'en faire la confession franche et solennelle), mais croyez que sa magnanime indulgence saura se contenter de la pureté de nos sentimens, sans envier, pour complément de sa propre satisfaction, l'éloge, pourtant pompeux, de votre animadversion. De grâce donc, ne vous chargez pas de nos dettes, quelque sacrées qu'elles soient, plus que nous ne voulons nous grever des vôtres.

De plus, on fait aux Bourbons le reproche d'avoir enlevé les diamans de la couronne.

Si, comme on a lieu depuis quelques jours d'en délaisser la pensée, cette accusation, tout ridicule qu'elle soit, n'est pas, de la part du Corse, plus fécond qu'heureux en espiégleries, une nouvelle ruse à dessein de s'approprier, à tout événement, cet écrin assez gentil pour être offert à la vertueuse Hortense en récompense de ses mouvemens, ou pour s'en faire à lui-même soit une consolation, soit un moyen

de s'acheter, dans quelque coin du globe, un
asyle capable de perpétuer l'inviolabilité de sa
personne en la soustrayant aux traits de l'exé-
cration universelle, et sa tête sacrée à la pro-
fanation de l'échafaud; si ces diamans n'ont
pas, par les pures mains du vénérable prince
de la Moscowa, suivi le sort des fonds confiés,
sur sa propre demande, à l'incorruptible fidélité de ce maréchal d'Empire, lorsqu'il alla ac-
complir son trop célèbre serment; si véritablement ils ont été enlevés par les Bourbons,
comment se fait-il que nos grands savans du
jour, qui, en les accusant de ce vol, reprochent
à nos princes *de n'avoir rien appris, ni rien
oublié*, n'ayent pas eux - mêmes appris dans
l'histoire de notre pays, ou ayent oublié que
ces diamans, achetés par les Capets et les Va-
lois, de leur pécule, ne soient une propriété
domestique aussi légitime aux Bourbons, que
l'était à Bonaparte un dix ou douzième dans
le greffe de son père et dans les 247 francs de
finance de son office d'huissier à Ajaccio, que,
moins rigoureux que certaine chronique scandaleusement indiscrète, nous ne lui contes-
tons nullement. Pourtant assurons les consciences délicatement inquiètes, de ces grands
tuteurs de l'Etat, que ces diamans ne laisseront

pas d'être *bientôt* réintégrés et remis en leur place. Les Bourbons, par une défiance bien infondée sans doute, avaient imaginé devoir précautionneusement les soustraire à la tentation du grand homme et de ses dignes amis ; mais, plus justes appréciateurs des vertus du chef et de la susceptibilité des serviteurs, il est probable qu'ils les ont reconnus, et proclament avec nous aujourd'hui incapables de ne respecter pas cette prétendue portion du domaine de la couronne, aussi religieusement que leur pieuse magnanimité a su respecter les Madones, les Saint-Jacques de Compostelle, etc., etc.

Quoi qu'il arrive, ne les pleurez pas aussi amèrement que vous l'avez fait jusqu'ici, grands ministres du grand empereur, ne les pleurez plus, maintenant que vous êtes, par expérience, convaincus qu'avec votre économie ordinaire, les 72 millions de francs laissés par les Bourbons au trésor de l'Etat, joints aux contributions que vous assurez se payer partout avec enthousiasme, et aux dons volontaires, qui, dites-vous aussi, pleuvent en torrent dans les caisses publiques, où les donateurs font queue pour trouver l'instant de verser, vous satisferez amplement aux services de vos divers départemens, sans avoir besoin de recourir à ces valeurs pour acheter le 'salut de la patrie.

N'en pleurez plus, grands coopérateurs du régénérateurs ; le génie éminemment créateur de votre demi-dieu saura, sans le prix de ces bijoux, trouver de quoi payer vos bons et loyaux services, soit dans la ressource inépuisable de l'amour de ses peuples, soit par un emprunt hypothéqué sur ses conquêtes futures, ou sur sa légitime dans la succession de madame Lætitia, son honorée mère.

N'en pleurez plus, soldats fidèles, invincibles *grognards,* compagnons d'armes du héros d'Egypte, d'Espagne, de Moscow, de Léipzig et de Fontainebleau, vous qui déjà, par expérience aussi, connaissez avec quelle tendre sollicitude il a d'avance pourvu à vos vivres et à votre solde par son économie paternelle des 47 millions emportés à l'île d'Elbe.

N'en pleurez plus, coadjuteurs pamphlétaires, vous dont d'avance le loup Savary et le renard Réal ont, au nom du tigre impérial, si généreusement payé les lignes, et qui d'ailleurs serez assez récompensés de vos nobles travaux par le bonheur de river vos noms au temple de l'immortalité, en les enclouant au marchepied du trône qui y est en construction pour l'illustrissime empereur des fédérés.

Et vous aussi, ses bons et bien dignes amis, vertueux fédérés, indestructibles remparts de la souveraineté sans-culottide, n'en pleurez plus, puisque vous avez, par le fait, la consolante certitude que ce n'est pas de ces bijoux que découlent et le vin et l'eau-de-vie dont, quatre fois par jour, il rallume votre patriotisme, nourrit votre acerbe courage et retrempe votre invincibilité.

N'en pleurez plus, maréchaux, généraux, officiers qui ne vécûtes jamais, ne vivez et ne pouvez vivre que par et pour le grand homme; ce bon père, ce divin rénumérateur saura, sans vous dépecer ces valeurs, bien mieux ennoblir votre héroïque dévouement par d'immenses dotations sur les provinces que ses aigles vont béatifier de leur envahissement.

N'en pleurez plus, grands dignitaires, confians capitalistes, banquiers spéculateurs qui avez si noblement avancé, depuis une demi-année, le million par mois si religieusement distribué, jusque dans les casernes, par la vierge Hortense et la gracieuse Lavallette, pour corrompre la troupe et l'aliéner à son Roi, et autant aux clubistes de Bercy, de Nanterre, de la rue de Vaugirard, etc., dont elles étaient les infatigables Mercures; avant peu, daignez nous en croire, vous n'aurez plus rien a répéter de vos prêts délicatement usuraires.

Et vous, ci-devant antichambristes ministériels, puis chambristes impériaux, débris naufragés des chenils de Robespierre, digne meute de Carnot, n'en heurlez plus; et puissent vos belles âmes, mi-partagées entre l'intérêt et l'ambition, s'abandonner confidemment enfin à cette double assurance que les affaires, grâces à l'immortel génie du Prince et de ses grands veneurs, se disposent de telle sorte que, d'une part, vous ne serez jamais, non jamais, de deux mois d'appointemens en arrière; et de l'autre, que votre mérite, mieux que jamais aussi reconnu, vous rehaussera bientôt plus encore au-dessus de vos contemporains, dont la reconnaissance et l'équité applaudiront à cette trop légitime *élévation.*

Ne les pleurez plus de même, ces misérables bijoux, dignes altesses impériales mâles et femelles; ce serait de votre part insulter à la tendre et juste affection, comme à la toute-puissance de votre auguste fils, frère, beau-frère et cousin, qui vous garantissent infailliblement dans l'infaillible conquête qu'il va faire, au moins de l'Europe, des plus belles couronnes que n'en illustra jamais la majesté de vos majestés.

Et toi, ci-devant empereur et roi, aujour-
d'hui humble premier magistrat du peuple,
modeste empereur du jacobinisme faubourier,
général tyranno-démocratique des ordurières
phalanges, n'en pleure plus. Quand autant que
toi l'on est radieusement brillant de ses célestes
vertus, ne serait-ce pas déroger à sa propre
gloire que d'ombrer son front d'une misérable
couronne diamantaire? Et d'ailleurs, un empereur sans-culotte a-t-il besoin d'ornemens?
N'en pleure donc plus.

Mais, vas-tu peut-être nous dire, et déjà nous
l'entendons de cette sage prévoyance qui a
constamment présidé à tes conseils, à tes actions, à tes batailles, et jusqu'à tes assassinats;
en un mot, à toute ta conduite : « Si par mi-
» racle mes invincibles venaient à être enfon-
» cés, si ces remparts d'airain de mon invio-
» labilité venaient à être réduits en poudre; et
» moi-même si, comme les anciens souverains
» de la France républicaine, il m'arrivait,
» quoique déjà dans le port et sous la protec-
» tion des batteries croisées de l'amour et de
» l'aveuglement de mes peuples, de voir som-
» brer mon yacht impérial; et, survivant à ma
» puissance, d'être réduit à me chercher une
» retraite inaccessible à la haine de l'Europe,

» et surtout inabordable à la fureur de mes
» anciens esclaves désabusés, cette fortune
» portative m'y serait devenue d'une ressource
» assurée ; car (pour être vrai une fois avec
» moi-même) j'espère peu rencontrer nulle
» part comme dans la France *si éclairée*, des
» hommes assez sottement stupides, assez gau-
» chement inconséquens pour échanger leur
» déshonneur contre ma monnaie de jonglerie,
» mes billets d'impudence, mes promesses im-
» possibles, contre la nullité enfin de ces pa-
» roles mystiquement prophétiques, dont jus-
» qu'ici j'ai pu si bien payer l'infamie et la
» criminalité. Partout ailleurs, dit-on, on ne
» reconnaît de réel que le véritable honneur
» et l'amour de la patrie ; et s'il s'y rencontre
» par hasard quelques êtres corruptibles, ils
» ne se vendent du moins qu'à bon prix, et ne
» se livrent qu'au comptant. »

Craintes chimériques, trop précautionneuse
sagesse, hélas ! peux-tu te méconnaître assez
pour oublier que tu es le dieu des batailles, ou
tout au moins l'enfant gâté de la victoire ? Ce-
pendant, pour complaire à sa surabondante
prévoyance, admettons un instant le cas im-
possible de la défection de tes invincibles légions par *ces misérables esclaves du Nord,*

ces *lâches insulaires*, ces *pitoyables bandes moins menées que traînées à la boucherie*, que l'aspect seul de tes aigles va terrorifier, disperser, battre, foudroyer, anéantir. Egalement par une non moindre complaisance, supposons que l'amour si profond, si général, et enfin si légitime de tes sujets, cessât, par un nouveau miracle, de t'être un bouclier impénétrable contre les traits de l'infortune et l'injustice des Européens, et que, réduit à te chercher un asyle, la valeur de ces bijoux te puisse devenir de quelqu'utilité, ce ne pourrait être incontestablement que dans le cas où tu aurais à te retirer dans une contrée habitée par des hommes; car autrement, ces précieux joyaux cesseraient de t'y être d'aucun secours. Or, dans ce cas, par admiration pour ton immortel génie, par reconnaissance pour les bienfaits incalculables dont tu nous as déjà comblés, en mémoire surtout de ton humanité, de la bonté de ton cœur et de la beauté de ton âme; enfin, par vénération profonde pour ta demi-divinité, nous allons te déceler un secret que tu comportes en toi, et que ton perpétuel oubli de ton être pour ne t'occuper exclusivement que du bonheur des autres, t'a retenu de te deviner; ou mieux peut-être, que ta pro-

digieuse impénétrabilité t'a jusqu'ici empêche
de te surprendre à toi-même ; un secret qui,
talisman inséparable de ton étonnante personne, aura pour toi la double vertu d'en écar-
ter la misère et de t'attirer de grandes richesses : il ne te faut qu'en vouloir faire usage ; et
certes, tu dois à ta gloire, à ta grandeur d'âme,
à ta propre dignité enfin, de ne dédaigner ni
négliger aucun des moyens de conserver à la
vie un homme autant que toi nécessaire au
bien-être des humains, au bonheur de la terre.
Le voici donc, ce bien simple et non moins
précieux secret :

Votre Majesté, Sire, est, permettez-nous
de l'apprendre à votre trop modeste humilité,
d'une nature si rare, si extraordinaire, si sur-
naturelle, si miraculeuse et si incompréhensi-
ble ; et aussi la curiosité, surtout pour le mer-
veilleux, est si généralement et si profondément implantée dans notre humaine race, que
partout où, par un rapetissement inimaginable
de cette grandeur à laquelle, pendant un temps,
n'aura pas suffi l'immensité de l'Europe, vous
pourrez porter ou voir porter vos pas, et con-
finer votre personne matérielle, fût ce dans
une hutte de pêcheur ou le creux d'un rocher,
il vous suffira de consentir à vous laisser voir ;

montrez-vous, oui, montrez-vous, et ne vous montrez que pour de l'argent. Y serait-on familier au spectacle d'ours, de panthères, de vautours, de tigres, d'hyènes, même des minotaures ou des sangliers de la forêt d'Erimanthe, qu'on ne se lassera jamais, jamais de voir et revoir un Napoléon; et dès-lors, une ressource de tous les jours, de toutes les minutes, une recette abondante, une fortune colossale enfin, vous sont infailliblement assurées; rendez-vous la pleine justice de n'en douter pas moindrement.

Mais n'est-ce pas assez et plus qu'assez nous être occupé de ces diamans prétendus volés, de vos consolations de les avoir manqués, et des moyens de vous en suppléer, au besoin, le défaut.

Il est encore articulé, ou mieux vociféré contre les Bourbons, bien d'autres reproches de détail sans doute, et vomi contre ces vénérables et malheureux princes beaucoup d'autres accusations secondaires, puisqu'il n'est pas un des sicaires du héros de l'indépendance *enchaînée* du peuple français, qui, pour être admis au sublime honneur de concourir au grand œuvre de la régénération, n'eût dû préalablement, à tout diplôme décerné, comme les anciens candidats des sociétés jacobiniquès et aspirans aux jurys révolutionnaires, fournir ce qu'on appelle ses preuves ; mais parmi ces griefs, nous avons dû ne nous attacher qu'aux plus cardinaux, aux prétendus graves, auxquels d'ailleurs se rapportent hiérarchiquement tous les autres, comme les feuilles aux branches et les branches au tronc.

Eh ! qu'est-il tant besoin, en effet, de reproduire ici dans toute leur nomenclature, et de suivre dans toutes leurs sinuosités les petites escarmouches accessoires de la malveillance dont nous avons attaqué de front et rompu les grandes manœuvres ! Ne serait-ce pas d'ailleurs fatiguer la douleur des gens de bien, et abuser de l'indignation ? Car est-il un homme honnête et réfléchissant qui ne se soit analysé déjà plus que suffisamment la noirceur de la perversité, et rendu compte de ses monstrueux efforts à tout dénaturer, calomnier, envenimer.

Avec elle et par elle, on n'en saurait plus douter aujourd'hui, les actions les plus louables comme les plus innocentes, les vœux, les regrets, les larmes même de la pitié sont des crimes d'Etat. Dans tout et partout, elle ne voit ou n'affecte de voir et ne signale que secrètes intentions anti-populaires, qu'arrières-pensées coupables. L'intérêt que la cour montre aux malheureux émigrés est plus qu'un adminicule, c'est une preuve manifeste d'infraction à l'inviolabilité des ventes nationales de leurs ci-devant domaines ; si le Roi, par une simple distinction honorifique, console et récompense à la fois les services d'une recommandable famille dans le seul de ses membres qui a survécu à ses malheurs, c'est pour insulter à la Légion-d'Honneur, aux lumières du siècle ; s'il rend à un pauvre proscrit, après vingt-cinq ans de jeûne et de la plus horrible détresse, les débris du château paternel, c'est qu'il veut évidemment rétablir les droits féodaux ; si par le monument de Quiberon, il consent de consacrer les regrets qu'éprouvent les bons Français au douloureux souvenir de leurs dissentions intestines, c'est qu'il veut visiblement ressusciter les chouans, la Vendée et les guerres civiles ; si le frère rassemble les ossemens scandaleusement dispersés du frère, et les dépose dans le tombeau de leurs ancêtres, c'est qu'il prépare une vengeance éclatante, et le massacre des régicides ; si, fidèle à la plus noble à la fois comme à la plus légitime reconnaissance, le monarque, profondément convaincu que c'est, après la providence divine, particulièrement à la magnanimité toute céleste du prince régent et de l'empereur Alexandre, non moins qu'à l'amour de la saine portion de son propre peuple, qu'il doit d'avoir recouvré des enfans chéris et une couronne qui, sur sa tête, devient le plus sûr garant de leur félicité; si, disons-nous, ce tendre père en témoigne particulièrement, dans une lettre amicale, sa gratitude à l'un de ces augustes princes, c'est qu'il se reconnaît tributaire de l'Angleterre, et se constitue ignominieusement le vassal de sa politique; si, par un règlement rappelé, et d'ailleurs conforme aux usages de toute l'Europe civilisée, on recommande l'observation du dimanche, c'est pour recourber le peuple sous la verge du bigotisme, et le rendre plus stupidement docile à une satrapie presbytérale; si l'on accorde au clergé une simple distinction de considération sociale, c'est pour bientôt lui rendre aussi ses immenses richesses et la tyrannie d'un proconsulat spirituel; si, de paroles et d'exemple, le monarque et la cour prêchent la religion, c'est pour nous mener plus sûrement, par un saint abrutissement, à l'avilissement de l'esclavage; si le Roi vit dans son intérieur avec une économie patriarchale, c'est qu'il thésau-

rise pour corrompre les premiers mandataires
de la nation; si, lors de quelques fautes, sa justice se tempère d'une indulgence paternelle,
c'est l'effet certain d'une faiblesse de caractère
qui le rend incapable de régner ; si le gouvernement, en proscrivant le monopole, main-
tient, après de si longs malheurs, à un prix
modéré la principale substance du peuple,
c'est pour ruiner l'agriculture, et nous prendre
par famine en séchant cette première mamelle
nourricière de l'Etat ; si, pour l'élaboration et
le perfectionnement d'une mesure importante,
on apporte la méditation de la sagesse, c'est
ou la lenteur de la mésintelligence, ou le tâton-
nement de l'impéritie, ou la débilité de mains
tremblantes qui laissent flotter nonchalámment
les rênes du gouvernement ; si on honore la
littérature, c'est pour en mandier des éloges ;
si elle même préconise les vertus du monarque, c'est dans les vues, bien payées d'avance,
d'opérer notre courbure au despotisme; si un
prince, inséparable de ses qualités innées, se
fait particulièrement remarquer par une admirable amabilité, c'est qu'il travaille perfidement, par des formes séductrices, à disposer
les esprits et les cœurs à sa secrète conspira-
tion de ravir au monarque son frère, et l'affec-

tion du peuple et sa couronne ; si la nouvelle
Antigone , si la céleste fille du second Saint-
Louis et de la reine martyre , trop abymée de
ses vertueuses douleurs pour se commander
une indiscrète joie sur la tombe encore fumante
des augustes victimes dont en elle survivent le
sang et la candeur, l'innocence et les vertus ,
ne sourit pas follement au gré des figurans
dans les pantomimes déjà naturellement froides
de l'étiquette , c'est qu'elle ne voit dans chaque
Français qu'un assassin actif ou passif de ses
infortunés parens, et nourrit dans son cœur
ulcéré de rage, l'espoir d'une vengeance dont
elle élabore sourdement la prochaine explo-
sion ; si................. Mais en finirions-
nous de suivre la détraction dans tous les sen-
tiers de sa scélératesse et dans tous les détours
de sa perversité !

Qu'il se soit rencontré chez nous des êtres
assez immoraux, assez lâchement impies, assez
enclins à la corruptibilité, assez profondément sacrilèges et effrontément méchans pour
se prêter à dénaturer, envenimer et criminaliser à ce point les actions les plus naturelles,
les plus louables, les plus héroïques et les plus
saintes, c'est ce qu'on est à regret aujourd'hui
forcé de reconnaître du pouvoir de l'or, de

l'attrait de la malignité, et de l'influence du brigandage couronné sur des cœurs de boue, des âmes cadavéreuses, des esprits effrontément coutumiers de toutes les forfaitures; mais que des moyens aussi méchamment absurdes, que des ruses aussi dégoûtamment grossières, qu'une dialectique aussi perversement révoltante, que des poisons enfin si sottement apprêtés, si gauchement présentés puissent atteindre, effleurer, corrompre un peuple bon, réfléchissant, loyal, une nation civilisée, sage, éclairée, c'est ce qu'on ne saurait jamais croire et qu'on ne croira jamais, non, jamais; notre raison le dit, notre intérêt l'assure, notre honneur le garantit; comme aussi la raison demande, l'intérêt public réclame, et notre honneur national ordonne que les coupables, fauteurs, adhérens et complices de tant de tantatives criminelles ne demeurent pas impunis.

Nous avons, ce nous semble, suffisamment réfuté, par la force des faits, ces inculpations dirigées par la malveillance soudoyée ou corrompue, contre le plus parfait des monarques et les plus estimables princes, pour éclairer les hommes qui, de bonne foi, désirent et appellent la lumière de la vérité; mais ce n'est en-

core qu'une moindre des obligations sacrées
que nous imposent l'amour, la fidélité, la reconnaissance : une seconde, qui semblerait
amenée par l'ordre naturel, serait sans doute
de mettre en opposition les vertus aussi émi-
nentes que nombreuses du noble héritier de
Henri IV, du digne fils de saint Louis, avec
les crimes, aussi monstrueux qu'incalculables,
de l'infâme flibustier, usurpateur momentané
de leur trône; mais, outre que ce serait faire
la plus sanglante injure à notre céleste prince
que de le comparer, n'importe le but du pa-
rallèle, avec ce que l'enfer a produit de plus
exécrable, ne serait-ce pas en nous un des
plus grands écarts de l'orgueil d'oser entre-
prendre de peindre des vertus que ne ren-
draient que trop faiblement les plus éloquens
pinceaux, les plus énergiques couleurs; de
plus, pouvons-nous n'être pas mille fois convaincu que, pour présenter l'horrible cadastre
de tant de scélératesses, il nous faudrait, d'une
part, passer goutte à goutte, par notre plume,
un océan de sang, des mers de poisons; et, de
l'autre, cumuler le temps de plusieurs vies hu-
maines à compter des victimes pour compléter
cet ouvrage séculaire, et enfin que ce ne serait

encore que signaler le mal, décrire et supputer ses effets, en en laissant toujours subsister la cause.

Élançons-nous donc à l'accomplissement, plus en notre puissance, d'une dernière et plus pressante obligation , celle de coopérer de toute notre âme, de toutes nos forces et de tous les moyens que le ciel nous dispense et peut nous fournir de tarir la source abominable de tant de perversités, de tant de crimes et de tous nos maux. Receignant de nouveau, et avec un égal courage, cette même épée que nous pouvons nous enorgueillier de n'avoir tirée jamais que pour la véritable gloire et le bien de l'Etat, et qu'ont plus d'une fois honorée de leur admiration, quoiqu'alors nos adversaires, ces alliés généreux, autant que braves, armés aujourd'hui pour le repos du monde et notre salut particulier, concourons de nouveau à venger la France et la purger de ses ennemis les plus féroces et les plus implacables ; ne demandons pas où les chercher : ils sont là où sont Bonaparte et ses complices civils et militaires. Là, au contraire, où sont Louis XVIII, les princes de son auguste sang, ses magnanimes alliés, ses constans amis, ses

sujets fidèles, sont la patrie et l'honneur; allons
donc, courons avec eux combattre et vaincre
pour la triple et sainte cause de la patrie, de
l'honneur et du meilleur des rois.

26 mai 1815.

De l'Imprimerie de POULET, quai des Augustins,
N°. 9.